Made in the USA
Monee, IL
27 November 2021

83264347R00070